PROSPER MÉRIMÉE

MATEO FALCONE

Bearbeitet von

Dr. Friedrich Schlupp

Oberstudiendirektor

FERDINAND SCHÖNINGH · PADERBORN

Alle Rechte, auch die des auszugsweisen Nachdrucks, der fotomechanischen Wiedergabe und der Übersetzung, vorbehalten. Dies betrifft auch die Vervielfältigung und Übertragung einzelner Textabschnitte, Zeichnungen oder Bilder durch alle Verfahren wie Speicherung und Übertragung auf Papier, Transparente, Filme, Bänder, Platten und andere Medien, soweit es nicht §§ 53 und 54 URG ausdrücklich gestatten.

© 1975 by Ferdinand Schöningh at Paderborn. Printed in Germany.

ISBN 3-506-46044-7

INTRODUCTION

Prosper Mérimée naquit à Paris, le 28 septembre 1803. Son père était homme du monde et artiste estimé. En 1830 secrétaire du comte d'Argout, puis chef de bureau au ministère de la Marine, il devint en 1831 inspecteur des monuments historiques; en 1840, nous le trouvons en voyage en Espagne où il se lie avec la famille Montijo. Dû à leur influence, il devint plus tard ami particulier de l'Impératrice Eugénie. En 1853, il fut nommé sénateur. Il mourut à Cannes, le 23 septembre 1870.

Mérimée a publié une série de nouvelles parmi lesquelles il y a de vrais chefs-d'œuvre: *Colomba, Carmen, Mateo Falcone*. Quoique doué de tous les talents du grand romancier, il ne voulait être que le premier des nouvellistes français. Les nouvelles de Mérimée sont toujours bonnes à lire. Car elles expriment l'état le plus distingué où se puisse reposer soit notre esprit, soit notre conscience. Le récit de Mérimée est impersonnel, l'auteur s'efface et personne ne s'est plus rapproché que lui du réalisme classique. Le choix des détails significatifs, le naturel et la propriété de l'expression sont admirables. Il reste toujours sobre et mesuré et garde tout le meilleur de la forme classique ce qui lui a valu dans la littérature française une place éminente dont on ne l'écartera jamais.

MATEO FALCONE

En sortant de Porto-Vecchio et se dirigeant au nord-ouest, vers l'intérieur de l'île, on voit le terrain s'élever assez rapidement, et, après trois heures de marche par des sentiers tortueux, obstrués par de gros quartiers de rocs, et quelquefois coupés par des ravins, on se trouve sur le bord d'un *mâquis* très étendu. Le mâquis est la patrie des bergers corses et de quiconque s'est brouillé avec la justice. Il faut savoir que le laboureur corse, pour s'épargner la peine de fumer son champ, met le feu à une certaine étendue de bois; tant pis si la flamme se répand plus loin que besoin n'est; arrive que pourra, on est sûr d'avoir une bonne récolte en semant sur cette terre fertilisée par les cendres des arbres qu'elle portait. Les épis enlevés, car on laisse la paille, qui donnerait de la peine à recueillir, les racines qui sont restées en terre sans se consumer poussent, au printemps suivant, des cépées très épaisses qui, en peu d'années, parviennent à une hauteur de sept ou huit pieds. C'est cette manière de taillis fourré que l'on nomme mâquis. Différentes espèces d'arbres et d'arbrisseaux le composent, mêlés et confondus comme il plaît à Dieu. Ce n'est que la hache à la main que l'homme s'y ouvrirait un passage, et l'on voit des mâquis si épais et si touffus, que les mouflons eux-mêmes ne peuvent y pénétrer.

Si vous avez tué un homme, allez dans le mâquis de Porto-Vecchio, et vous y vivrez en sûreté, avec un bon fusil, de la poudre et des balles; n'oubliez pas un manteau brun garni d'un capuchon, qui sert de couverture et de matelas. Les bergers vous donnent du lait, du fromage et des châtaignes et vous n'aurez rien à craindre de la justice ou des parents du mort, si ce n'est quand il vous faudra descendre à la ville pour y renouveler vos munitions.

Mateo Falcone, quand j'étais en Corse en 18.., avait sa maison à une demi-lieue de ce mâquis. C'était un homme assez riche pour le pays; vivant noblement, c'est-à-dire sans rien faire, du produit de ses troupeaux, que des bergers, espèce de nomades, menaient paître çà et là sur les montagnes. Lorsque je le vis, deux années après l'événement que je vais raconter, il me parut âgé de cinquante ans tout au plus. Figurez-vous un homme petit mais robuste, avec des cheveux crépus, noirs comme le jais, un nez aquilin, les lèvres minces, les yeux grands et vifs, et un teint couleur de revers de bottes. Son habileté au tir tu fusil passait pour extraordinaire, même dans son pays, où il y a tant de bons tireurs. Par exemple, Mateo n'aurait jamais tiré sur un mouflon avec des chevrotines; mais, à cent vingt pas, il l'abattait d'une balle dans la tête ou dans l'épaule, à son choix. La nuit, il se servait de ses armes aussi facilement que le jour, et l'on m'a cité de lui ce trait d'adresse qui paraîtra peut-être incroyable à qui n'a pas voyagé en Corse. A quatre-vingts pas, on plaçait une chandelle allumée derrière un transparent de papier, large comme une assiette. Il mettait en joue, puis on éteignait la chandelle, et, au bout d'une minute, dans l'obscurité la plus complète, il tirait et perçait le transparent trois fois sur quatre.

Avec un mérite aussi transcendant, Mateo Falcone s'était attiré une grande réputation. On le disait aussi bon ami que dangereux ennemi; d'ailleurs serviable et faisant l'aumône, il vivait en paix avec tout le monde dans le district de Porto-Vecchio. Mais on contait de lui qu'à Corte, où il avait pris femme, il s'était débarrassé fort vigoureusement d'un rival qui passait pour aussi redoutable en guerre qu'en amour: du moins on attribuait à Mateo certain coup de fusil qui surprit ce rival comme il était à se raser devant un petit miroir pendu à sa fenêtre. L'affaire assoupie, Mateo se maria. Sa femme Giuseppa lui avait donné d'abord trois filles (dont il enrageait), et enfin un fils, qu'il nomma Fortunato: c'était l'espoir de sa famille, l'héritier du nom. Les filles étaient bien mariées: leur père pouvait compter au besoin sur les poignards et les escopettes de ses gendres. Le fils n'avait que dix ans, mais il annonçait déjà d'heureuses dispositions.

Un certain jour d'automne, Mateo sortit de bonne heure avec sa femme pour aller visiter un de ses troupeaux dans une clairière du mâquis. Le petit Fortunato voulut l'accompagner, mais la clairière était trop loin; d'ailleurs, il fallait bien que quelqu'un restât pour garder la maison; le père refusa donc: on verra s'il n'eut pas lieu de s'en repentir.

Il était absent depuis quelques heures, et le petit Fortunato était tranquillement étendu au soleil, regardant les montagnes bleues, et pensant que, le dimanche prochain, il irait dîner à la ville, chez son oncle le *caporal,* quand il fut soudainement interrompu dans ses méditations par l'explosion d'une arme à feu. Il se leva et se tourna du côté de la plaine d'où partait ce bruit. D'autres coups de fusil se succédèrent, tirés à intervalles inégaux, et toujours de plus en plus rapprochés; enfin, dans le sentier qui menait de la plaine à la maison de Mateo parut un homme, coiffé d'un bonnet pointu comme en portent les montagnards, barbu, couvert de haillons, et se traînant avec peine en s'appuyant sur son fusil. Il venait de recevoir un coup de feu dans la cuisse.

Cet homme était un *bandit,* qui, étant parti de nuit pour aller chercher de la poudre à la ville, était tombé en route dans une embuscade de voltigeurs corses. Après une vigoureuse défense, il était parvenu à faire sa retraite, vivement poursuivi et tiraillant de rocher en rocher. Mais il avait peu d'avance sur les soldats, et sa blessure le mettait hors d'état de gagner le mâquis avant d'être rejoint.

Il s'approcha de Fortunato et lui dit:
— Tu es le fils de Mateo Falcone?
— Oui.
— Moi, je suis Gianetto Sanpiero. Je suis poursuivi par les collets jaunes. Cache-moi, car je ne puis aller plus loin.
— Et que dira mon père si je te cache sans sa permission?
— Il dira que tu as bien fait.
— Qui sait?
— Cache-moi vite; ils viennent.
— Attends que mon père soit revenu.
— Que j'attende? malédiction! Ils seront ici dans cinq minutes. Allons, cache-moi, ou je te tue.

Fortunato lui répondit avec le plus grand sang-froid:
— Ton fusil est déchargé, et il n'y a plus de cartouches dans ta carchera.
— J'ai mon stylet.
— Mais courras-tu aussi vite que moi?

Il fit un saut et se mit hors d'atteinte.
— Tu n'es pas le fils de Mateo Falcone! Me laisseras-tu donc arrêter devant ta maison?

L'enfant parut touché.
— Que me donneras-tu si je te cache? dit-il en se rapprochant.

Le bandit fouilla dans une poche de cuir qui pendait à sa ceinture, et en tira une pièce de cinq francs qu'il avait réservée sans doute pour acheter de la poudre.

Fortunato sourit à la vue de la pièce d'argent; il s'en saisit, et dit à Gianetto:

— Ne crains rien.

Aussitôt il fit un grand trou dans un tas de foin placé auprès de la maison. Gianetto s'y blottit, et l'enfant le recouvrit de manière à lui laisser un peu d'air pour respirer, sans qu'il fût possible cependant de soupçonner que ce foin cachât un homme. Il s'avisa, de plus, d'une finesse de sauvage assez ingénieuse. Il alla prendre une chatte et ses petits, et les établit sur le tas de foin pour faire croire qu'il n'avait pas été remué depuis peu. Ensuite, remarquant des traces de sang sur le sentier près de la maison, il les couvrit de poussière avec soin, et, cela fait, il se recoucha au soleil avec la plus grande tranquillité.

Quelques minutes après, six hommes en uniforme brun à collet jaune, et commandés par un adjudant, étaient devant la porte de Mateo. Cet adjudant était quelque peu parent de Falcone. (On sait qu'en Corse on suit les degrés de parenté beaucoup plus loin qu'ailleurs.) Il se nommait Tiodoro Gamba: c'était un homme actif, fort redouté des bandits dont il avait déjà traqué plusieurs.

— Bonjour, petit cousin, dit-il à Fortunato en l'abordant; comme te voilà grandi! As-tu vu passer un homme tout à l'heure?

— Oh! je ne suis pas encore si grand que vous, mon cousin, répondit l'enfant d'un air niais.

— Cela viendra. Mais n'as-tu pas vu passer un homme, dis-moi?

— Si j'ai vu passer un homme?

— Oui, un homme avec un bonnet pointu en velours noir, et une veste brodée de rouge et de jaune?

— Un homme avec un bonnet pointu et une veste brodée de rouge et de jaune?

— Oui, réponds vite, et ne répète pas mes questions.

— Ce matin, M. le curé est passé devant notre porte, sur son cheval Piero. Il m'a demandé comment papa se portait, et je lui ai répondu...

— Ah! petit drôle, tu fais le malin! Dis-moi vite par où est passé Gianetto, car c'est lui que nous cherchons; et, j'en suis certain, il a pris par ce sentier.

— Qui sait?

— Qui sait? C'est moi qui sais que tu l'as vu.

— Est-ce qu'on voit les passants quand on dort?

— Tu ne dormais pas, vaurien; les coups de fusil t'ont réveillé.

— Vous croyez donc, mon cousin, que vos fusils font tant de bruit? L'escopette de mon père en fait bien davantage.

— Que le diable te confonde, maudit garnement! Je suis bien sûr que tu as vu le Gianetto. Peut-être même l'as-tu caché. Allons, camarades, entrez dans cette maison, et voyez si notre homme n'y est pas. Il n'allait plus que d'une patte, et il a trop de bon sens, le coquin, pour avoir cherché à gagner le mâquis en clopinant. D'ailleurs, les traces de sang s'arrêtent ici.

— Et que dira papa? demanda Fortunato en ricanant; que dira-t-il s'il sait qu'on est entré dans sa maison pendant qu'il était sorti?

— Vaurien! dit l'adjudant Gamba en le prenant par l'oreille, sais-tu qu'il ne tient qu'à moi de te faire changer de note? Peut-être qu'en te donnant une vingtaine de coups de plat de sabre tu parleras enfin.

Et Fortunato ricanait toujours.

— Mon père est Mateo Falcone! dit-il avec emphase.

— Sais-tu bien, petit drôle, que je puis t'emmener à Corte ou à Bastia. Je te ferai coucher dans un cachot, sur la paille, les fers aux pieds, et je te ferai guillotiner si tu ne dis où est Gianetto Sanpiero.

L'enfant éclata de rire à cette ridicule menace. Il répéta:

— Mon père est Mateo Falcone!

— Adjudant, dit tout bas un des voltigeurs, ne nous brouillons pas avec Mateo.

Gamba paraissait évidemment embarrassé. Il causait à voix basse avec ses soldats, qui avaient déjà visité toute la maison. Ce n'était pas une opération fort longue, car la cabane d'un Corse ne consiste qu'en une seule pièce carrée. L'ameublement se compose d'une table, de bancs, de coffres et d'ustensiles de chasse ou de ménage. Cependant le petit Fortunato caressait sa chatte, et semblait jouir malignement de la confusion des voltigeurs et de son cousin.

Un soldat s'approcha du tas de foin. Il vit la chatte, et donna un coup de baïonnette dans le foin avec négligence, et en haussant les épaules, comme s'il sentait que sa précaution était ridicule. Rien ne remua; et le visage de l'enfant ne trahit pas la plus légère émotion.

L'adjudant et sa troupe se donnaient au diable; déjà ils regardaient sérieusement du côté de la plaine, comme disposés à s'en retourner par où ils étaient venus, quand leur chef, convaincu que les menaces ne produiraient aucune impression sur le fils de Falcone, voulut faire un dernier effort et tenter le pouvoir des caresses et des présents.

— Petit cousin, dit-il, tu me parais un gaillard bien éveillé! Tu iras loin. Mais tu joues un vilain jeu avec moi; et, si je ne craignais de faire de la peine à mon cousin Mateo, le diable m'emporte! je t'emmènerais avec moi.

— Bah!

— Mais quand mon cousin sera revenu, je lui conterai l'affaire, et, pour ta peine d'avoir menti il te donnera le fouet jusqu'au sang.

— Savoir?

— Tu verras... Mais, tiens... sois brave garçon et je te donnerai quelque chose.

— Moi, mon cousin, je vous donnerai un avis: c'est que, si vous tardez davantage, le Gianetto sera dans le mâquis, et alors il faudra plus d'un luron comme vous pour aller l'y chercher.

L'adjudant tira de sa poche une montre d'argent qui valait bien dix écus; et, remarquant que les yeux du petit Fortunato étincelaient en la regardant, il lui dit en tenant la montre suspendue au bout de sa chaîne d'acier:

— Fripon! tu voudrais bien avoir une montre comme celle-ci suspendue à ton col, et tu te promènerais dans les rues de Porto-Vecchio, fier comme un paon; et les gens te demanderaient: «Quelle heure est-il?» et tu leur dirais: «Regardez à ma montre.»

— Quand je serai grand, mon oncle le caporal me donnera une montre.

— Oui; mais le fils de ton oncle en a dejà une... pas aussi belle que celle-ci, à la vérité... Cependant il est plus jeune que toi.

L'enfant soupira.

— Eh bien, la veux-tu, cette montre, petit cousin?

Fortunato, lorgnant la montre du coin de l'œil, ressemblait à un chat à qui l'on présente un poulet tout entier. Comme il sent qu'on se moque de lui, il n'ose y porter la griffe, et de temps en temps il détourne les yeux pour ne pas s'exposer à succomber à la tentation; mais il se lèche les babines à tout moment, et il a l'air de dire à son maître: «Que votre plaisanterie est cruelle!»

Cependant l'adjudant Gamba semblait de bonne foi en présentant sa montre. Fortunato n'avança pas la main; mais il lui dit avec un sourire amer:

— Pourquoi vous moquez-vous de moi?

— Par Dieu! je ne me moque pas. Dis-moi seulement où est Gianetto, et cette montre est à toi.

Fortunato laissa échapper un sourire d'incrédulité; et, fixant ses yeux noirs sur ceux de l'adjudant, il s'efforçait d'y lire la foi qu'il devait avoir en ses paroles.

— Que je perde mon épaulette, s'écria l'adjudant, si je ne te donne pas la montre à cette condition! Les camarades sont témoins; et je ne puis m'en dédire.

En parlant ainsi, il approchait toujours la montre, tant qu'elle touchait presque la joue pâle de l'enfant. Celui-ci montrait bien sur sa figure le combat que se livraient en son âme la convoitise et le respect dû à l'hospitalité. Sa poitrine nue se soulevait avec force, et il semblait près d'étouffer. Cependant la montre oscillait, tournait, et quelquefois lui heurtait le bout du nez. Enfin, peu à peu, sa main droite s'éleva vers la montre: le bout de ses doigts la toucha; et elle pesait tout entière dans sa main sans que l'adjudant lâchât pourtant le bout de la chaîne... Le cadran était azuré... la boîte nouvellement fourbie..., au soleil, elle paraissait toute de feu... La tentation était trop forte.

Fortunato éleva aussi sa main gauche, et indiqua du pouce, par-dessus son épaule, le tas de foin auquel il était adossé. L'adjudant le comprit aussitôt. Il abandonna l'extrémité de la chaîne; Fortunato se sentit seul possesseur de la montre. Il se leva avec l'agilité d'un daim, et s'éloigna de dix pas du tas de foin, que les voltigeurs se mirent aussitôt à culbuter.

On ne tarda pas à voir le foin s'agiter; et un homme sanglant, le poignard à la main, en sortit; mais, comme il essayait de se lever en pieds, sa blessure refroidie ne lui permit plus de se tenir debout. Il tomba. L'adjudant se jeta sur lui et lui arracha son stylet. Aussitôt on le garrotta fortement, malgré sa résistance.

Gianetto, couché par terre et lié comme un fagot tourna la tête vers Fortunato, qui s'était rapproché.

— Fils de...! lui dit-il avec plus de mépris que de colère.

L'enfant lui jeta la pièce d'argent qu'il en avait reçue, sentant qu'il avait cessé de la mériter; mais le proscrit n'eut pas l'air de faire attention à ce mouvement. Il dit avec beaucoup de sang-froid à l'adjudant:

— Mon cher Gamba, je ne puis marcher; vous allez être obligé de me porter à la ville.

— Tu courais tout à l'heure plus vite qu'un chevreuil, repartit le cruel vainqueur; mais sois tranquille: je suis si content de te tenir; que je te porterais une lieue sur mon dos sans être fatigué. Au reste, mon camarade, nous allons te faire une litière avec des branches et ta capote; et à la ferme de Crespoli nous trouverons des chevaux.

— Bien, dit le prisonnier; vous mettrez aussi un peu de paille sur votre litière, pour que je sois plus commodément.

Pendant que les voltigeurs s'occupaient, les uns à faire une espèce de brancard avec des branches de châtaignier, les autres à panser la blessure de Gianetto, Mateo Falcone et sa femme parurent tout d'un coup au détour d'un sentier qui conduisait au mâquis. La femme s'avançait courbée péniblement sous le poids d'un énorme sac de châtaignes, tandis que son mari se prélassait, ne portant qu'un fusil à la main et un autre en bandoulière; car il est indigne d'un homme de porter d'autre fardeau que ses armes.

A la vue des soldats, la première pensée de Mateo fut qu'ils venaient pour l'arrêter. Mais pourquoi cette idée? Mateo avait-il donc quelques démêlés avec la justice? Non. Il jouissait d'une bonne réputation. C'était, comme on dit, *un particulier bien famé;* mais il était Corse et montagnard, et il y a peu de Corses montagnards qui, en scrutant bien leur mémoire, n'y trouvent quelque peccadille, telle que coups de fusil, coups de stylet et autres bagatelles. Mateo, plus qu'un autre, avait la conscience nette; car depuis plus de dix ans il n'avait dirigé son fusil contre un homme; mais toutefois il était prudent, et il se mit en posture de faire une belle défense, s'il en était besoin.

— Femme, dit-il à Giuseppa, mets bas ton sac et tiens-toi prête.

Elle obéit sur-le-champ. Il lui donna le fusil qu'il avait en bandoulière et qui aurait pu le gêner. Il arma celui qu'il avait à la main, et il s'avança lentement vers sa maison, longeant les arbres qui bordaient le chemin, et prêt, à la moindre démonstration hostile, à se jeter derrière le plus gros tronc, d'où il aurait pu faire feu à couvert. Sa femme marchait sur ses talons, tenant son fusil de rechange et sa giberne. L'emploi d'une bonne ménagère, en cas de combat, est de charger les armes de son mari.

D'un autre, côté, l'adjudant était fort en peine en voyant Mateo s'avancer ainsi, à pas comptés, le fusil en avant et le doigt sur la détente.

Si par hasard, pensa-t-il, Mateo se trouvait parent de Gianetto, ou s'il était son ami, et qu'il voulût le défendre, les bourres de ses deux fusils arriveraient à deux d'entre nous, aussi sûr qu'une lettre à la poste, et s'il me visait, nonobstant la parenté!...

Dans cette perplexité, il prit un parti fort courageux, ce fut de s'avancer seul vers Mateo pour lui conter l'affaire, en l'abordant comme une vieille connaissance; mais le court intervalle qui le séparait de Mateo lui parut terriblement long.

— Holà! eh! mon vieux camarade, criait-il, comment cela va-t-il, mon brave? C'est moi, je suis Gamba, ton cousin.

Mateo, sans répondre un mot, s'était arrêté, et à mesure

que l'autre parlait il relevait doucement le canon de son fusil, de sorte qu'il était dirigé vers le ciel au moment où l'adjudant le joignit.

— Bonjour, frère, dit l'adjudant en lui tendant la main. Il y a bien longtemps que je ne t'ai vu.

— Bonjour, frère.

— J'étais venu pour te dire bonjour en passant, et à ma cousine Pepa. Nous avons fait une longue traite aujourd hui; mais il ne faut pas plaindre notre fatigue, car nous avons fait une fameuse prise. Nous venons d'empoigner Gianetto Sanpiero.

— Dieu soit loué! s'écria Guiseppa. Il nous a volé une chèvre laitière la semaine passée.

Ces mots réjouirent Gamba.

— Pauvre diable! dit Mateo, il avait faim.

— Le drôle s'est défendu comme un lion, poursuivit l'adjudant un peu mortifié; il m'a tué un de mes voltigeurs, et, non content de cela, il a cassé le bras au caporal Chardon; mais il n'y a pas grand mal, ce n'était qu'un Français... Ensuite, il s'était si bien caché, que le diable ne l'aurait pu découvrir. Sans mon petit cousin Fortunato, je ne l'aurais jamais pu trouver.

— Fortunato! s'écria Mateo.

— Fortunato! répéta Giuseppa.

— Oui, le Gianetto s'était caché sous ce tas de foin là-bas; mais mon petit cousin m'a montré la malice. Aussi je le dirai à son oncle le caporal, afin qu'il lui envoie un beau cadeau pour sa peine. Et son nom et le tien seront dans le rapport que j'enverrai à M. l'avocat général.

— Malédiction! dit tout bas Mateo.

Ils avaient rejoint le détachement. Gianetto était déjà couché sur la litière et prêt à partir. Quand il vit Mateo en la compagnie de Gamba, il sourit d'un sourire étrange; puis, se tournant vers la porte de la maison, il cracha sur le seuil en disant:

— Maison d'un traître!

Il n'y avait qu'un homme décidé à mourir qui eût osé prononcer le mot de traître en l'appliquant à Falcone. Un bon coup de stylet, qui n'aurait pas eu besoin d'être répété, aurait immédiatement payé l'insulte. Cependant Mateo ne fit pas d'autre geste que celui de porter sa main à son front comme un homme accablé.

Fortunato était entré dans la maison en voyant arriver son père. Il reparut bientôt avec une jatte de lait, qu'il présenta les yeux baissés à Gianetto.

— Loin de moi! lui cria le proscrit d'une voix foudroyante.

Puis, se tournant vers un des voltigeurs:

— Camarade, donne-moi à boire, dit-il.

Le soldat remit sa gourde entre ses mains, et le bandit but l'eau que lui donnait un homme avec lequel il venait d'échanger des coups de fusil. Ensuite il demanda qu'on lui attachât les mains de manière qu'il les eût croisées sur sa poitrine, au lieu de les avoir liées derrière le dos.

— J'aime, disait-il, à être couché à mon aise.

On s'empressa de le satisfaire; puis l'adjudant donna le signal du départ, dit adieu à Mateo, qui ne lui répondit pas, et descendit au pas accéléré vers la plaine.

Il se passa près de dix minutes avant que Mateo ouvrît la bouche. L'enfant regardait d'un œil inquiet tantôt sa mère et tantôt son père, qui, s'appuyant sur son fusil, le considérait avec une expression de colère concentrée.

— Tu commences bien! dit enfin Mateo d'une voix calme mais effrayante pour qui connaissait l'homme.

— Mon père! s'écria l'enfant en s'avançant les larmes aux yeux comme pour se jeter à ses genoux.

Mais Mateo lui cria:

— Arrière de moi!

Et l'enfant s'arrêta et sanglota, immobile, à quelques pas de son père.

Giuseppa s'approcha. Elle venait d'apercevoir la chaîne de la montre, dont un bout sortait de la chemise de Fortunato.

— Qui t'a donné cette montre? demanda-t-elle d'un ton sévère.

— Mon cousin l'adjudant.

Falcone saisit la montre, et, la jetant avec force contre une pierre, il la mit en mille pièces.

— Femme, dit-il, cet enfant est le premier de sa race qui ait fait une trahison.

Les sanglots et les hoquets de Fortunato redoublèrent, et Falcone tenait ses yeux de lynx toujours attachés sur lui. Enfin il frappa la terre de la crosse de son fusil, puis le rejeta sur son épaule et reprit le chemin du maquis en criant à Fortunato de le suivre. L'enfant obéit.

Giuseppa courut après Mateo et lui saisit le bras.

— C'est ton fils, lui dit-elle d'une voix tremblante en attachant ses yeux noirs sur ceux de son mari, comme pour lire ce qui se passait dans son âme.

— Laisse-moi, répondit Mateo, je suis son père.

Giuseppa embrassa son fils et rentra en pleurant dans sa cabane. Elle se jeta à genoux devant une image de la Vierge et pria avec ferveur. Cependant Falcone marcha quelques deux cents pas dans le sentier et ne s'arrêta que dans un petit ravin où il descendit. Il sonda la terre avec la crosse de son fusil et la trouva molle et facile à creuser. L'endroit lui parut convenable pour son dessein.

— Fortunato, va auprès de cette grosse pierre.

L'enfant fit ce qu'il lui commandait, puis il s'agenouilla.

— Dis tes prières.

— Mon père, mon père, ne me tuez pas!

— Dis tes prières! répéta Mateo d'une voix terrible.

L'enfant, tout en balbutiant et en sanglotant, récita

le *Pater* et le *Credo*. Le père, d'une voix forte, répondait *Amen!* à la fin de chaque prière.

— Sont-ce là toutes les prières que tu sais!

— Mon père, je sais encore *l'Ave Maria* et la litanie que ma tante m'a apprise.

— Elle est bien longue, n'importe.

L'enfant acheva la litanie d'une voix éteinte.

— As-tu fini?

— Oh! mon père, grâce! pardonnez-moi! Je ne le ferai plus! Je prierai tant mon cousin le caporal qu'on fera grâce au Gianetto!

Il parlait encore; Mateo avait armé son fusil et le couchait en joue en lui disant:

— Que Dieu te pardonne!

L'enfant fit un effort désespéré pour se relever et embrasser les genoux de son père; mais il n'en eut pas le temps, Mateo fit feu, et Fortunato tomba raide mort.

Sans jeter un coup d'œil sur le cadavre, Mateo reprit le chemin de sa maison pour aller chercher une bêche afin d'enterrer son fils. Il avait fait à peine quelques pas qu'il rencontra Giuseppa, qui accourait alarmée du coup de feu.

— Qu'as-tu fait? s'écria-t-elle.

— Justice.

— Où est-il?

— Dans le ravin. Je vais l'enterrer. Il est mort en chrétien; je lui ferai chanter une messe. Qu'on dise à mon gendre Tiodore Bianchi de venir demeurer avec nous.

ANMERKUNGEN

Das Geschlecht der Wörter wird durch nachstehendes m. oder f. nur dann bezeichnet, wenn es aus dem Text nicht klar hervorgeht.

5 2. *Porto-Vecchio* [ch = k] Hafenort an der Südostküste Korsikas. — 5. *tortueux, se* gewunden, geschlängelt. — *obstruer* versperren. — *quartier de roc* Felsblock. — 6. *ravin* m. Schlucht. — 7. *mâquis* (ital. macchia) Buschwald. — 8. *corse* korsisch. — *se brouiller* sich verfeinden, überwerfen mit. — 10. *fumer* düngen. — 11. *étendue* Fläche. — 12. *plus loin que besoin n'est:* expletives *ne,* das im Deutschen unübersetzt bleibt. — *arrive* (Konjunktiv) *que pourra* mag sich ereignen, was will; eine der sprichwörtlichen Redensarten, in denen das Subjektspronomen fehlen kann. — 14. *fertiliser* fruchtbar machen. — *cendre* f. Asche. — 15. *épi* Ähre. — 17. *se consumer* verbrennen, welken. — *cépée* Schößling. — 20. *taillis* Buschholz. — *fourré, e* dicht (wachsend). — 21. *arbrisseau* m. Bäumchen, Strauch. — *confondre* vermengen. — 22. *'hache* Axt. — 24. *touffu, e* buschig, dicht. — *mouflon* Muffeltier, wildes Schaf. — 29. *capuchon* Kapuze.

6 30. *matelas* m. Matratze — 39. *paître* weiden. — 43. *crépu, e* kraus. — 44. *jais* [ʒɛ:] Pechkohle. — *nez aquilin* Adlernase. — *mince* dünn, fein. — 45. *couleur de revers de bottes* Farbe der Stiefelstulpen: gelbbraun, lederbraun. — 46. *tir tu fusil* Schießen mit der Flinte. — 49. *chevrotine* f. Rehposten (stärkster Schrot). — *abattre* niederstrecken. — 52. *adresse* f. Geschicklichkeit. — 55. *transparent* Transparent; ∼ *de papier* durchschimmerndes Papier. — 56. *mettre en joue* anlegen. — 59. *mérite* hier: Tüchtigkeit. — *transcendant, e* außergewöhnlich. — 61. *d'ailleurs* übrigens. — *serviable* dienstfertig, gefällig. — 62. *faisant l'aumône* mildtätig. — 64. *Corte* Kreishauptstadt im Innern der Insel, im 18. Jahrhundert Hauptsitz der Unabhängigkeitsbewegung. — *se débarrasser* sich entledigen.

7 65. *vigoureux, se* kräftig, gewaltsam. — 69. *assoupir* einschläfern, vertuschen. — 70. *Giuseppa* [giu spr. dʒu] Josepha. — 74. *escopette* f. Büchse, Stutzflinte. — *gendre* Schwiegersohn. — 76. *disposition* Anlage. — 79. *clairière*

Lichtung. — 82. *avoir lieu* Grund haben. — 88. *caporal* Gemeindevorsteher. Anmerkung des Verfassers zum Text: Les caporaux furent autrefois les chefs que se donnèrent les communes corses quand elles s'insurgèrent (sich erhoben) contre les seigneurs féodaux (Grundherren). Aujourd'hui, on donne encore quelquefois ce nom à un homme qui, par ses propriétés, ses alliances (Verbindungen) et sa clientèle (Anhang), exerce une influence et une sorte de magistrature, effective sur un canton. Les Corses se divisent, par une ancienne habitude, en cinq castes: les *gentilshommes* (dont les uns sont *magnifiques*, les autres *signori*), les *caporali*, les *citoyens*, les *plébéiens* et les *étrangers*. — 89. *méditation* f. Betrachtung, Träumerei. — 94. *coiffé d'un bonnet pointu* mit einer Zipfelmütze auf dem Kopf. — 95. *montagnard* Bergbewohner. — *barbu, e* bärtig. — *'haillon* m. Lumpen. — 97. *cuisse* (Ober-)Schenkel. — 98. *bandit* (vom ital. bandito = Verbannter, Räuber). Banditen nennt man in Korsika nicht nur diejenigen, die vom Raube leben, sondern auch die, welche, aus irgendeinem Grunde (Blutrache!) von den Gerichten verfolgt, in das struppige Gebüsch (mâquis) des korsischen Berglands geflohen sind, wo sie oft hohes Ansehen genießen und als Helden gelten.

8 100. *embuscade* Hinterhalt. — *voltigeur* Füsilier, hier: Polizeisoldat. — 102. *tirailler* schießen. — 103. *avance* f. Vorsprung. — 109. *Gianetto* [dz] Hans. kors. Dim. von ital. Giovanni (Gianni). Das Volk spricht auf Korsika eine italienische Mundart. — 110. *les collets jaunes* die Gelbkragen (so genannt, weil die Soldaten auf ihrem Uniformrock gelbe Kragen trugen). — 118. *malédiction!* (f.) verflucht! — 121. *décharger* entladen, abschießen. — *cartouche* f. Patrone. — 122. *carchera* [ch = k] ist die um den Leib geschnallte „ceinture où l'on met des cartouches. On y attache un pistolet à gauche" (Anm. des Verf.); übers.: Patronengürtel. — 123. *stylet* Stilett (kleiner feiner Dolch). — 125. *hors d'atteinte* unerreichbar. — 131. *fouiller* wühlen. — 132. *ceinture* Gürtel.

9 137. *tas de foin* Heuhaufen. — 138. *se blottir* sich kauern, ducken. — 141. *s'aviser de qc* auf etwas verfallen. — 142. *finesse* Schlauheit, Trick. — *sauvage* Wilder. — *ingénieux, se* erfinderisch, ausgeklügelt. — 144. *remuer* bewegen, umschichten. — 153. *parenté* f. Verwandtschaft. — 154. *actif, ve* tatkräftig, rührig. — 155. *traquer* hetzen; umzingeln, stellen. — 156. *aborder* anreden. — 160. *niais, e* einfältig. — 164. *velours* Samt. — 165. *veste* Jacke. — *broder* (be)sticken.

10 172. *drôle* Schelm. — *malin, maligne* schelmisch, schalkhaft. — 174. *il a pris par ce sentier* er ist diesen Weg gekommen. — 178. *vaurien* Taugenichts, Schlingel. —

183. *que le diable te confonde* der Teufel soll dich holen. — *garnement* Taugenichts. — 184. *le Gianetto* im Volksmund wird häufig der bestimmte Artikel bei Eigennamen gesetzt. — 187. *patte* Bein. — *bon sens* Verstand. — *coquin* Schuft, Schurke. — 188. *clopiner* humpeln, hinken. — 190. *ricaner* grinsen. — 194. *il ne tient qu'à moi* es hängt nur von mir ab. — *changer de note* den Ton ändern, andere Saiten aufziehen. — 196. *(des) coups de plat de sabre* Schläge mit dem flachen Säbel. — 198. *emphase* f. Nachdruck. — 200. *Bastia* Kreishauptstadt an der Nordküste Korsikas mit lebhaftem Handel. — *cachot* Gefängnis. — 201. *guillotiner* köpfen.

11 207. *se brouiller* (s. Z. 8). — 208. *embarrassé, e* verlegen. — 211. *cabane* Hütte. — 212. *carré, e* viereckig. — 213. *coffre* m. Koffer, Kasten, Truhe. — *ustensiles* m. pl. Gerätschaften. — 214. *caresser* liebkosen. — 219. *hausser les épaules* (f. pl.) mit den Schultern zucken. — 220. *remuer* sich bewegen, sich rühren. — 222. *se donner au diable* (sich dem Teufel übergeben) verzweifeln. — 229. *gaillard* Bursche. — 230. *tu iras loin* du wirst es weit bringen. — 236. *donner le fouet* peitschen. — 238. *savoir?* Abkürzung für c'est à savoir: das ist noch nicht sicher!

12 243. *luron* Luder, Kerl. — 247. *étinceler* leuchten, funkeln. — 249. *fripon* Schelm. — 251. *paon* [pã] Pfau. — 261. *lorgner* verstohlen betrachten. — 264. *griffe* Griff, Kralle. — 265. *succomber* erliegen. — 266. *babine* f. Lippe, Lefze; *il se lèche les ~s* er leckt sich die Schnauze. — 267. *plaisanterie* Spaß, Scherz. — 268. *bonne foi* Ehrlichkeit, Aufrichtigkeit. — 270. *amer, ère* [ɛ(:)r] bitter.

13 277. *épaulette* f. Achselstück. — 279. *se dédire de* seine Worte verleugnen, sein Wort brechen. — 283. *convoitise* Begierde. — 285. *osciller* [ɔsije] hin- und herschwanken. — 288. *peser* schwer liegen. — 289. *lâcher* loslassen. — 290. *cadran* Zifferblatt. — *azuré, e* himmelblau. — *boîte* Kapsel, Gehäuse. — 291. *fourbir* polieren. — 296. *extrémité* f. äußerstes Ende. — 297. *agilité* f. Behendigkeit. — *daim* (Dam-)Hirsch. — 299. *culbuter* über den Haufen werfen, umwühlen. — 300. *s'agiter* sich bewegen. — 302. *refroidir* abkühlen, steif werden. — 305. *garrotter* knebeln, fesseln. 306. *fagot* Reisigbündel.

14 311. *proscrit* Geächteter. — 316. *chevreuil* Reh(bock). — 320. *litière* Streu; Sänfte, Bahre. — *capote* (Regen-)Mantel. — 326. *brancard* m. Tragbahre. — 327. *panser* verbinden. — 328. *détour* Biegung, Ecke. — 331. *se prélasser* sich in die Brust werfen, stolz einherschreiten. — 332. *bandoulière* f. Schultergehänge; *en ~* quer über Schulter und

Brust.. — 333. *fardeau* m. Last. — 337. *démêlé* m. Streit, Zwistigkeiten. — 339. *particulier* Privatmann, Bürger. — *bien famé* in gutem Rufe stehend. — 341. *scruter* durchforschen. — 342. *peccadille* [di:j] kleine Sünde.

15 343. *bagatelle* f. Kleinigkeit. — 345. *toutefois* dennoch nichtsdestoweniger. — 346. *prudent, e* vorsichtig. — *posture* f. Haltung, „Positur". — 351. *armer* schußbereit machen, spannen. — 353. *longer* entlang gehen. — 354. *démonstration* Kundgebung. — 355. *à couvert* geschützt, in Deckung. — 356. *talon* m. Hacke, Ferse. — *de rechange* zum Wechseln, Reserve. — 357. *emploi* m. Amt, Aufgabe. — *ménagère* Haus-, Ehefrau. — 359. *peine* f. Verlegenheit, Unruhe. — 360. *à pas comptés* gemessenen Schrittes. — 361. *détente* Drücker. — 364. *bourre* f. Ladung. — 366. *viser* aufs Korn nehmen. — *nonobstant* trotz, ungeachtet. — 367. *perplexité* Bestürzung, Ratlosigkeit. — *parti* Entschluß. — 369. *connaissance* Bekannter. — 376. *canon* Lauf.

16 383. *Pepa* Kosename für Giuseppa. — *traite* Strecke. — 385. *prise* Beute, Fang. — 386. *empoigner* festnehmen. — 388. *chèvre laitière* Milchziege. — 392. *mortifier* kränken. — 393. *casser* zerschmettern. — 394. *ce n'était qu'un Français:* verächtlich, bezeichnend für die Empfindung der Korsen den Franzosen gegenüber. — 401. *malice* Arglist. — 404. *rapport* Bericht. — *avocat général* Staatsanwalt. — 405. *malédiction!* s. Anm. 118. — 406. *détachement* Abteilung. — 409. *cracher* speien, ausspucken.

17 413. *appliquer* anwenden, beziehen auf. — 417. *accablé, e* niedergedrückt, gebrochen. — 419. *jatte* Schale, Napf. — 421. *foudroyant, e* donnernd, niederschmetternd. — 425. *gourde* (Kürbis-)Flasche. — 427. *échanger* austauschen, wechseln. — 430. *à l'aise* bequem. — 433. *au pas accéléré* beschleunigten Schrittes. — 437. *concentrer* zusammendrängen, verhalten. — 443. *arrière* zurück. — 444. *sangloter* schluchzen.

18 456. *'hoquet* m. Schluchzen, Schlucken. — 457. *lynx* [lĕks] m. Luchs. — 458. *crosse* Kolben. — 467. *cabane* Hütte. — 468. *Vierge* Jungfrau Maria. — *ferveur* f. Inbrunst. — 470. *sonder* sondieren, untersuchen. — 479. *balbutier* [t = s] stottern, stammeln. — 480. *le Pater(noster)* das Vaterunser. — *le Credo* das Glaubensbekenntnis.

19 483. *l'Ave Maria* der Englische Gruß. — 485. *n'importe* macht nichts. — 489. *faire grâce* begnadigen. — 492. *coucher en joue* (f.) anlegen. — 496. *tomber raide mort* auf der Stelle tot bleiben. — 498. *bêche* Schaufel. — 506. *chanter* hier: lesen. — 507. *Bianchi* [ch = k].